ଗର୍ଭଗୃହ

ଗର୍ଭଗୃହ

ହରପ୍ରସାଦ ଦାସ

ବ୍ଲାକ୍ ଇଗଲ୍ ବୁକ୍ସ
ଭୁବନେଶ୍ୱର, ଓଡ଼ିଶା

BLACK EAGLE BOOKS
Dublin, USA

ଗର୍ଭଗୃହ / ହରପ୍ରସାଦ ଦାସ

ବ୍ଲାକ୍ ଇଗଲ୍ ବୁକ୍ସ : ଭୁବନେଶ୍ୱର, ଓଡ଼ିଶା ● ଡବ୍ଲିନ୍, ଯୁକ୍ତରାଷ୍ଟ୍ର ଆମେରିକା

 BLACK EAGLE BOOKS

USA address:
7464 Wisdom Lane
Dublin, OH 43016

India address:
E/312, Trident Galaxy, Kalinga Nagar,
Bhubaneswar-751003, Odisha, India

E-mail: info@blackeaglebooks.org
Website: www.blackeaglebooks.org

First International Edition Published by
BLACK EAGLE BOOKS, 2024

GARBHAGRUHA
Haraprasad Das

Copyright © **Haraprasad Das**

All rights reserved. No part of this publication may be reproduced, stored in a retrieval system, or transmitted, in any form or by any means, electronic, mechanical, photocopying, recording or otherwise without the prior permission of the publisher.

Cover art : Gallery of Modern Art
Interior Design: Ezy's Publication

ISBN- 978-1-64560-629-1 (Paperback)

Printed in the United States of America

ଗର୍ଭଗୃହ :

ଦେହ	୦୭
ଅକ୍ଷୟ	୦୮
ହଂସ-ନାରାୟଣୀ	୦୯
ନୀଳାଞ୍ଜନ	୧୧
ଆତ୍ମଦାନ	୧୩
ଆକ୍ରୋଶ	୧୭
ମରୁଭୂମିର ଆତ୍ମା	୧୯
ଘାଟୀରେ ଈଶ୍ୱର	୨୧
ଭୋଜଭାଜି	୨୩
ଅବତାର	୨୫
କିମାଶ୍ଚର୍ଯ୍ୟମ୍	୨୭
ନିଦରେ ନୀହାରିକା	୩୧
ବିଦାୟ	୩୩
ପଡ଼ୋଶୀ	୩୫
ଏଇଥରକ	୩୭
ଶେଷଯାମ	୩୯
ନୂଆବର୍ଷ	୪୧
ବିନିମୟ	୪୩
ରୂପକଥା	୪୬
ଚକ	୪୮
ସୂର୍ଯ୍ୟ : ଶତ୍ରୁ	୫୦
ଛଦ୍ମବେଶ	୫୨
ଉପଦେଶ	୫୩
ପଶ୍ଚିମ	୫୫
ଅୟମାରମ୍ଭ	୫୭
କ୍ରିୟା	୫୯

ଜୀବନୀ	୬୧
ବ୍ରହ୍ମଜ୍ଞାନ	୬୩
ଖେଳଘର	୬୫
ନେତ	୬୭
ଉପାଖ୍ୟାନ	୬୯
ଶୃଙ୍ଗାର	୭୧
ରୂପାୟନ	୭୩
ଅନ୍ତରାଳ	୭୮
କଥା	୮୧
ଗର୍ଭଗୃହ	୮୪

ଦେହ

ଛୁଇଁ ପାରିବ ଯଦି ଛୁଅଁ।

ପାଉଁଶ ଓ ପୀତାମ୍ବରୀ ମଝିରେ
ଯେତିକି ଦେଖୁଚ ସୁନାରଙ୍ଗର ସନ୍ଦେହ
ସେତକ କିଚି କମ୍ ନୁହଁ-

କାଠକଟା କୁରାଢ଼ୀରେ
ଯେତେଇଚ୍ଛା କାଟିପାରିବ ତାକୁ;

ଝକମକିର ନିଆଁରେ ତାକୁ
ଜାଳିପାରିବ ସାରାଜୀବନ;

ପିଣ୍ଡଭଳି ଭସାଇ ଦେଇପାରିବ
କଦଳୀ ପଟୁକାରେ;

ପାଇପାରିବ ଯେଉଁଠି ରହଁ
ସେଇଠି;

ମିଛିମିଛିକା ତାରାଭଳି
ଛାଇନିଦର ଅଳନ୍ଧୁରେ।

ଅକ୍ଷୟ

ଦେଖ୍, ବଦଳି ଯାଉଛି ମୋର ଦେହ
ଘାସ ଅଗରେ ମୁକ୍ତାବୁନ୍ଦା ତଥାପି ଯାଉଛି
ଖେଳଯାଉଛି କନିଅର ଡାଳରେ ଗୁଣ୍ଡୁଚିର
ଦେଖ୍, ବଦଳିଯାଉଛି ରଙ୍ଗ ଆକାଶର
ତଥାପି, ତାରାଗଣା ଯାଉଛି କବିର।

ସବୁ ସରିଯିବା ପରେ ବି ତତେ
ଖୋଜିବି କ୍ଷୟର ବଳୟରେ,
ଆଶାର ବଳକା ହସରେ
ବାନ୍ଧିରଖିବି ତୋର ବିଶ୍ୱାସକୁ,
ବାରମ୍ବାର ଫେରିଆସିବି ପୃଥିବୀକୁ,

ସବୁ ସରିଯିବା ପରେ ବି
ହାତରେ ତୋର ରଖିଯିବା ପାଇଁ
ଅବଶେଷ ଅକ୍ଷୟକୁ।

ହଂସ - ନାରାୟଣୀ

ଦୁଃଖ କଣ ? ସୂର୍ଯ୍ୟାସ୍ତରେ
ହଂସ ନାରାୟଣୀ ଭୁଲାଇପାରେ
ହଂସକୁ, ମୋତେ ନୁହେଁ -

ମୁଁ କାନ୍ଦିଲାବେଳେ ବି
ଖାଉଥାଏ ମୋର ଥାଳିପୂର୍ଣ୍ଣ ସୁଖକୁ,
କୋଳ କରିଥାଏ ସଂଗ୍ରହିଣୀକୁ ।

ମୋର ଦୁଃଖ କଣ ?

ପଛରେ ପଛରେ ଭାଇଭଳି
ଗୋଡ଼ାଉଥିବା ଦୁଃଖକୁ
ଫେରି ଚାହିଁନାହିଁ ବୋଲି ଏତେ
ଦୁଃଖ ତୋର ? ବେଶ୍

ନାରଙ୍ଗୀ ମେଘ ଗାଲରେ
ଲାଲ୍‌ରଙ୍ଗର ଲୁହଟୋପାକ ତ
ଦେଖିବା କଥା, ଦେଖିନେବି

ଯେତେବେଳେ ଛାଇନଥିବ
ହଂସର ଭାସିଲା ବେଳେ
ହଂସର ଭାସିଲା ବେଳେ
ହ୍ରଦର ପାରଦ କୁହୁକରେ

ସୁଖ ନଥିବ ପ୍ରତିଦିନର ଖାଲିଥାଳିରେ ।

ନୀଲାଞ୍ଜନ

ଉପରୁ ତଳକୁ ଚାହିଁବା ପାଇଁ
ସାହସ ନୁହେଁ କେବଳ
ପ୍ରତାରଣା ବି ଲୋଡ଼ା ।

ଦେହ ମୋର ଉଡ଼ିଚାଲିଚି ଉପରେ,
ଦେହର ଛାଇ ପଡୁଚି ତୋର
ଦୁଇ ନିଷ୍ପାପ ହାତର ଖରାରେ
ତଥାପି ଶୁଖିନଥିବା ଆଖିରେ ।

ବିଶ୍ୱାସ କର୍, ପାରିଲି ନାହିଁ
ଚାହିଁପାରିଲି ନାହିଁ ତଳକୁ-

କେତେବେଳେ ବଦଳିଗଲା
ରଙ୍ଗ ବଙ୍ଗୋପସାଗରର,
ବଦଳିଗଲା ଦେହର ସୀମାନ୍ତରେ
ପରିଚୟ ସୁଖର,
ଦେଖିପାରିଲି ନାହିଁ ।

ତୋ'ଠାରୁ ତେଣୁ
ବିଦାୟ ନେବିନାହିଁ କେବେ :

ତୋର ଆଖିର କୂଳେ କୂଳେ
ସଜାଇଦେବି ଆକାଶକୁ
ସନ୍ଦିଗ୍ଧ ସୁଖର ନୀଳାଞ୍ଜନରେ

ଆତ୍ମଦାନ

ମନେ ନଥାଏ
କିଏ କେତେବେଳେ
ରହିଲା କାହାର ନିଜର ହୋଇ
କାହାକୁ କିଏ
ଥରଟେ ଖାଲି ଡାକି ଦେଇଗଲା
ଯିବା ଆଗରୁ-

ଅଥର୍ବ ଜାମୁଡାଳ
ପିଟି ହେଲାବେଳେ
ବିଦାୟର ଅଧାଆଉଜା
କବାଟ ଉପରେ।

ମନେ ନଥାଏ
ଯାଉ ଯାଉ କିଏ ଫେରିଲା
ଧ୍ୱଂସର ଚିତ୍ରବିଥିରୁ,

ଧାଡ଼ିବାନ୍ଧି ଠିଆ ହୋଇଥିବା
ଅସଂଖ୍ୟ ଗୀତର ମୌନତାରେ
ବାଂଟିଦେଇ
ମାତ୍ର କେଇଟାପଦର ଆଡ଼ମ୍ବରକୁ।
ମନେ ନଥାଏ
କିଏ ଝୁଲିଗଲା
ସବୁ ନୀଡ଼ର ଐଶ୍ୱର୍ଯ୍ୟକୁ
ଏକାଠି କରି
ନିଜ ହାତରେ ସଜାଇଥିବା
ନିଜର ସମୃଦ୍ଧ
ବରାଭୟର ଫାଶୀରେ।
ସବୁ ପାଶୋରି
ଆଗକୁ ଆଗକୁ ଆହୁରି ଆଗକୁ
ଯିବାକୁ ହୁଏ-

ମାଛ ପେଟରୁ
କାଢ଼ିବାକୁ ପଡ଼େ ମନ୍ତ୍ର
ନିଷ୍ପାପ ଶିଉଳିର,

କଇଁଚ ପିଠିରେ
ଥୋଇବାକୁ ହୁଏ ଭାର
ଅଭିଶପ୍ତ ଆଦର୍ଶର,

ଦାନ୍ତରେ ଧରି
ଟେକିବାକୁ ହୁଏ ରସାତଳକୁ
ଧରିଯାଉଥିବା ମାନ
ମେରୁର,
ଲଙ୍ଗଳରେ ଖୋଳି
ମୂକ ପ୍ରାର୍ଥନାର ବଂଜରରେ
ପକାଇବାକୁ ପଡ଼େ
ପ୍ରୟୋଜନର ସିଆର,

ଭୀଷଣ ପ୍ରତିହିଂସାରେ
ଖେଳିବାକୁ ବି ହୁଏ
ରଣ ଶୁଝିବା ପାଇଁ
କୃପଣ ଇତିହାସର

ବିଶ୍ୱାସ କର
କେତେ ଯେ କଣ
ହବାକୁ ହୁଏ,
କେତେ ରୂପରେ
ଯିବାକୁ ପଡ଼େ
ଉଠି ପଡ଼ି ଭାଙ୍ଗି ଉଜୁଡ଼ି,
ମନେ ନଥାଏ
ଟିକିଏ କିଛି-
କିଏ ଯେମିତି

ମାଟି ଉପରେ ଆଗକୁ ଯିବାର
ଧଇଁସଇଁରେ
ପୋତି ଦେଇଥାଏ
ମଞ୍ଜି ଛାଏଁ ଛାଏଁ
ଭୁଲିଯିବାର ।
ଆଗକୁ ଆଗକୁ ଆହୁରି ଆଗକୁ
ଯିବାକୁ ହୁଏ,

କିନ୍ତୁ ସେ ଯାଏଁ
ଗଳିମୁଣ୍ଡର ଖଣ୍ଡିଆଭୂତ
ପିଣ୍ଡାଯାକେ ଆସିବା ତ ଦୂରର କଥା
ବିଚରାର କୁଟାକାଠିର
ପାଦ ବି ତିଆରି ସରିନଥାଏ,
ତାକୁଇ ନେଇ
କାନ୍ଥ ଉପରେ

ଝଲିଥାଏ ଖରାର
ହାତୁଡ଼ି ମାଡ଼ ।
ଧୂଳିମୁଠାଏ ହାତରେ ନେଇ
ସୁନା କିରୀଟ ଗଢ଼ିବା ପାଇଁ
ବାହାରିଥାଏ ଯିଏ-

ଆହୂତି ତା'ର
ପଡ଼ିସାରିଥାଏ ନିଆଁରେ
ହେଲେ,
ଆତ୍ମଦାନର ଶିଖା
ତଥାପି
ଉଠିନଥାଏ କୁହୁଳୁଥିବା
ଅଙ୍ଗାରରୁ ।

ଆକ୍ରୋଶ

କେହି ତାକୁ ରଖିପାରିଲେ ନାହିଁ ସେଦିନ ।

ସେ କାହାରି ଡାକ ଶୁଣୁନଥାଏ
ନା ଅସୁସ୍ଥ ପବନର ନା ଆତଙ୍କିତ ବର୍ଷାର
ସେ ସେମିତି ବସିଥାଏ ମୁରାରି
ପାଣିଗ୍ଲାସ୍ ଓ ପ୍ରାର୍ଥନା ମଝିରେ
ଦାରୁଭୂତ ।

କିଏ ତାକୁ କଣ ବା ଦବ ?

ନିଆଁରେ ଜଳି ତାଓ୍ୱାର ତିତିକ୍ଷାରୁ
ଉଠିଥିବା ଦିପଟ ରୁଟି ବାଂଙ୍ମୟ ଅଭିଶାପର ?

ଚେରଜଡ଼ାଇ ଫଟାକାନ୍ଥକୁ
ସମ୍ଭାଳି ନେଇଥିବା ଦୂରଭିସନ୍ଧି
ଆତ୍ମୀୟ ଅଶ୍ୱତ୍ଥର ?

ବଜ୍ରମାଡ଼ରେ ଭାଙ୍ଗି ପଡୁପଡୁ

ରହି ଯାଇଥିବା ଚଉକିଟିଏ
ଆତ୍ମଘାତୀ ଚିତ୍କାର ପାଇଁ କାଠର ?
ଭୋର୍‌ର ତାରରେ ବନ୍ଧା
ବିଭୋର ଶୁଦ୍ଧସାରଙ୍ଗ
ନିରୁପାୟ ବେହେଲାର ?

ଧୂଳିର ଧୂମାଳ ବର୍ଣ୍ଣମାଳା
ଦୂରତ୍ୱର ?

କେହି କିଛି ଦେଇପାରିବେ ନାହିଁ,
କିଛି ମାଗିବାର ବି ନାହିଁ ତା'ର।

ସେ ଜାଣିଚି
ସେ ସେମିତି ବସିଥିବ ଅସମାହିତ
କେହି ତାକୁ କଷିପାରିବେ ନାହିଁ
ଦବାନବାର ଗଣିତରେ।

ପାଣିଗ୍ଲାସ୍‌ରେ ନା
ପ୍ରାର୍ଥନାରେ ନା
ରୁଟିରେ ନା
କାନ୍ଥରେ ନା
ଚଉକିରେ ନା
ବେହେଲାରେ ନା
ଧୂଳିରେ ନା

ଉଠିବା ଆଗରୁ ସେ ଶୁଣିବ
ଅନ୍ତତଃ ଥରକ ପାଇଁ
ନିଆଁର କବାଟ ସେପଟୁ
ହସ ଜଳପ୍ରପାତର

ତା'ପରେ
ଗୋଟିଏ ପାଲଟି
ଆଉ ଗୋଟିଏ ଲୁଗା ପିନ୍ଧିବ
ଆକ୍ରୋଶର।

ମରୁଭୂମିର ଆତ୍ମା

ବଦଲେଆରଙ୍କୁ

ତିରସ୍କାରର ଏ ତୋରଣ
କଣ ଘୂର୍ଣ୍ଣିହାତରୁ
ପାଇଥିବା ସବୁ
ଉଦ୍‌ଭ୍ରାନ୍ତ ପତ୍ରର
ଏକାଠି ହବା ନୁହଁ ?

କିଛି ନ କହିବା କ'ଣ
ସବୁଠାରୁ ବଡ଼ ଆୟୋଜନ
ନୁହଁ କବିତାର ?

କାଲି ଯେତେବେଳେ
ମରୁଭୂମିର ଆତ୍ମା ବାହାରିବ
ଜରିର ଜାମା ପିନ୍ଧି
ଚନ୍ଦ୍ରଉଦିଆ ରାତିରେ–

କିଏ ଡାକିବ ତାକୁ ?
କିଏ କାନ୍ଦି କାନ୍ଦି ଗଡ଼ିଯିବ
ତୁହାକୁ ତୁହା
ପ୍ରଶ୍ନ ଶୁଣି କବିର ?
କିଏ ମୁହଁ ଲୁଚାଇ
ଭଲପାଇବ
ବାଲିବନ୍ତର ସ୍ତନ୍ୟ ପିଇ
ମୃଗଯୂଥରେ ବସିଥିବା
ମରିଚୀକାକୁ ?

ନାଃ, କୋଉଠି କିଛି ନାହିଁ
ନ ଚିହ୍ନିବାର,

ନୀରବତାର କଂଟାବୁଦାରେ
ଲାଗିଚି ଯାହାର ପଳାୟନର
ଉତ୍ତରୀୟରୁ ଟିକିଏ,

ତାଆରି ହସରେ ଫାଟିପଡୁଚି
ଭୂତକୋଠି ଅତୃପ୍ତ ଶବ୍ଦର ।

ଘାଟୀରେ ଈଶ୍ୱର

ଆମେ ତାରାଗଣି ଚାଲିଚେ
ସେତିକିବେଳୁ,

ଏ ଭିତରେ କିଏ
ନଈ ସହିତ ନୈରତକୁ
ପଳାଇ ଯାଉଥିବା ପାହାଡ଼ର
ଅଂଟାରୁ ଖୋଜି
ବାହାର କଲାଣି
ଧାରୁଆ ଛୁରୀଖଣ୍ଡେ ଭଳି
ସକାଳ !

ଇଏ କ'ଣ ସିଏ
ଯିଏ ଗତକାଲି ଘଂଟାରେ
ସାତଟା ନବାଜୁଣ୍ଡ
ତାରାମଣ୍ଡଳର ପୁରୁଣା

ଝାଲର୍ ଖଣ୍ଡେ ଫିଙ୍ଗିଦେଲା
ସୋରିଷବିଲର ଦେହ ଉପରକୁ ?

ଇଏ କ'ଣ ସିଏ ଯାହାକୁ
ଦେଖିବା ତ ଦୂରର କଥା
ଭାବିପାରିନେ ଆମେ
ଘାଟୀ ପାର୍ ହେଲାବେଳେ ବସ୍‌ରେ ?

ଭୋଜଭାଜି

ଭାବିଲେ ଭୟ ଲାଗେ :

କୋଉ ମେଘ କେତେ ମୃଣ୍ମୟ,
କିଏ ପୂର୍ଣ୍ଣକରିବ ଏ ବର୍ଷର
ଅଧାଗଢ଼ା ପୋଲକୁ ଆରବର୍ଷ,
ଏକବିଂଶ ଶତାବ୍ଦୀରେ ଥିବି କି ନଥିବି ମୁଁ?

ଏସବୁ ଭାବିଲା ପରେ
ମେଘରେ ଆଉ ଆସ୍ଥାରହେନା
ସେଇ ଗୋଟିଏ ସୂକ୍ଷ୍ମ ଆଶାକୁ
ବାରମ୍ବାର ଫଳାଇବାକୁ ପଡ଼େ
ଓଲଟପାଲଟ କରି
ପୁରୁଣା ହସର ଉଷରରେ
ସତରେ ହେଉ କି ମିଛରେ।

ପୋଲ ବାନ୍ଧିବାର
ଆବଶ୍ୟକତା ନଥାଏ

ଭବିଷ୍ୟତ ପାଇଁ, ବୁଢ଼ାକୁ
କୌଣସିମତେ
ଉଠାଇ ଦିଆଯାଏ
ଏକବିଂଶ ଶତାବ୍ଦୀର ଟ୍ରେନ୍‌ରେ।
ହେଲା ଏଥର ? ନା
ତଥାପି ଅପେକ୍ଷା ଅଛି
ଭୋଜବାଜିର ?

ଅଛି ଅଛି।

ଦେଖିବାପାଇଁ ବାକି ଅଛି
ନିଆଁରେ ଲେଖା ଶବ୍ଦ କେତେଟା
ଲୁଚାଇଦେଇ ମେଘ ପେଟରେ
ଦୋଷୀ ପବନର ଫେରିବା ଗହନ
ଆମ୍ବତୋଟାକୁ
ଉନ୍ମାଦ ହୋଇ କୁହୁତାନରେ,

ଦେଖିବାପାଇଁ ବାକି ଅଛି
ଅଧାଗଢ଼ା ପୋଲର ଅଦରକାରୀ
ଇସ୍ପାତରେ
ଭବିଷ୍ୟତର ଚେର ଥାପିଦେଇ
ଉଡ଼ିଯିବା ବୋମାବର୍ଷୀ ବିମାନର
ଯୁଦ୍ଧଶେଷରେ,

ଦେଖିବା ପାଇଁ ବାକିଅଛି
କେତେନା କେତେ ସ୍ୱପ୍ନ
ରସାଳ ବାର୍ଦ୍ଧକ୍ୟର-
ପୋଡ଼ାଭୂଇଁରେ ଟାକୁଆପୋତି
ଫେରିଲାବେଳେ
ଖାଲିହାତରେ।

ଅବତାର

ଆଉ କାହାରି ସମୟ ନାହିଁ-
କିଏ ବାହାରିଚି
କ୍ୟାରିଅର୍‌ରେ କଖାରୁ ନେଇ
ହରିରାଜପୁର ହାଟକୁ ତ
କିଏ ଚାଲିଚି ଖୋଜି ଖୋଜି
ଅସଲ ଚଢ଼େଇଟିଏ
ଶିକାର ପାଇଁ
ମୁରଲିଟାଲିର ଲିନୋଖେଦେଇରୁ ।

ଏକା ମୋଅରି ସମୟ ଅଛି-
ମୁଁ ବହିପଢ଼ା ଓ ସିଡ଼ିଚଢ଼ା କାମ
ସାରିଦେଇଚି ଆଗରୁ,
ପିପାସା ବୋଲି ଯେଉଁ ନଈ
ବାହାରି ସାରିଚି ଗାଧୋଇ ସାରି
ସେଥିରୁ,

ପୋଖରାଜର ଆଲୁଅ ହୋଇ
ବୁଲୁଚି କେବଠୁଁ
ବୁଲୁଚି କେବଠୁଁ
ଏ କାଚରୁ ସେ କାଚ
ଧ୍ୱଂସର ଧୂଳିଧୂସର
ଗନ୍ଦୁଆ ଉପରେ ।

ଏତିକି ଟିକିଏ ଶୁଦ୍ଧତାକୁ
ଏତେବଡ଼ ଦେବତା କରି
ବସାଇ ଦେଇଚି ଯେହେତୁ :

ମୋତେ ହିଁ ଶେଷରେ ଯିବାକୁ ହେବ-

ଶଂଖର କହୁଣୀଟିକୁ ପୋତି ଦେଇ ପଙ୍କରେ
ପିତ୍ତଳର ପାଦଦିଓଟି ହଜାଇଦେଇ ବାଲିରେ

ଶେଷବସ୍ତ୍ରର ଧୂଳିପଟଳ
ମାଡ଼ିଗଲା ବେଳେ ବିଦାୟର
ନିର୍ନିମେଷ ଆଖିରେ ।

କିମାଶ୍ଚର୍ଯ୍ୟମ୍

ସେ ସବୁ କିଛି
ଦିଶେନାହିଁ ଖାଲି ଆଖିକୁ,

ନିର୍ବାସନର ଦୀପଟିଏ
ହାତରେ ନେଇ
ଯେଉଁ ଛାଇଟି ପିଣ୍ଡାଡେଇଁ
ପାଦ ଦେଇଚି ଅଗଣାରେ,
ତାର ଯିବାର କଥା, ସେ ଯିବ।

ଯାହାକୁ ଦେଖୁଚ
ଅସାଢ଼ ହୋଇ ପଡ଼ିଚି
ଅଲଂଘ୍ୟ ଶେଯର
ଅବାସ୍ତବ ଦୁଇକୂଳ ମଝିରେ
ସେ ସେ ନୁହେଁ
ସେ ତାର ଅଭିଶପ୍ତ

ନିଦ ଯୁଗ ଯୁଗର
ପଥର ହୋଇଯାଇଚି
ସୁଅ ଖୋଲିଲା ବେଳେ ଇତିହାସ
ଭରାନଈରେ ।
ଏଥିରେ ଆଶ୍ଚର୍ଯ୍ୟ ହବାର
କଣ ଅଛି ?

- ଅଛି କି କିଛି
ଅସାଧାରଣତା
ନିଦଭୋଳରେ
କୀଟର କେଶରରୁ
ମୁକ୍ତହେବାର ପ୍ରୟାସରେ ?

- ଅଛି କି କିଛି
ଚତୁରତା
ଦୂରପର୍ବତର ଶିଖରରେ
ଦିନ ଥାଉଁ ଥାଉଁ
ସନ୍ଧ୍ୟାର ଛବିଳ ସୂତ୍ରପାତରେ ?

ଯାହା ପ୍ରାପ୍ୟ
ସବୁ ଯଦି ଦାନ ରଂଭୋରୁର
ତେବେ,
ମାଟିର ମାଧ୍ୟାକର୍ଷଣ
କାହିଁକି ଟାଣେ ?
କାହିଁକି ତାକୁ
ଉଠିଯିବାକୁ ହୁଏ
ଅଧରାତିରେ
ସେ ଯାଏଁ ଶୂନ୍ୟରେ
ଖଣ୍ଡ ଖଣ୍ଡ ହୋଇ
ପଡ଼ିଥିବା ଉଷାର ଅପୂର୍ବ

ଅବୟବକୁ ଏକାଠି କରି
ଗଢ଼ିଦେବାର ପ୍ରଲୋଭନରେ ?

ଭୋଗିଲାବେଳେ ଯୋଷାକୁ
କାହିଁକି ସେ ଭାବେ
ଆକାଂକ୍ଷାର ଅପାର୍ଥିବ
ନଖରେ ତାର
ଲାଗିଚିକି ଛଟପଟ
ରକ୍ତ ଟୋପାଏ ଅସହାୟ
ରାତିର ?

ରହିଯାଇଚି କି
ତଥାପି ଟିକିଏ ଅବିଗୁଣ
ତାର ଅପାରଗତାର
ଭୀଷଣ ସିଂହଠାଣିରେ ?
. . . . .

ଜାଣେନା ସେ
କେତେବେଳେ
ସକାଳ ହବ

ଦୂରଦେଶରୁ ଭ୍ରାନ୍ତିର
ନାନା ଫଳମୂଳ ନେଇ
କେବେ ଫେରିବ ସେ
ନିର୍ବାସନରୁ,
ଏତିକି ଜାଣେ,
ସେତେବେଳକୁ
ଉଠିସାରିଥିବ ତାର ନିଦ,

ଆତତାୟୀ
ଅପେକ୍ଷାକରି

ଠିଆ ହୋଇଥିବ
ଶେଯର ନିବିଡ଼
ଚିତ୍ରଲତାର ଅନ୍ତରାଳରେ
ସମ୍ମୋହନର
କ୍ଷିପ୍ର ଜାଲଟିଏ ଧରି
ହାତରେ।

ଏଥିରେ
ଆଶ୍ଚର୍ଯ୍ୟ ହବାର
କଣ ଅଛି ସତରେ!

ନିଦରେ ନୀହାରିକା

କେତେ କଣ ମୁଁ ନ କହିଚି
କେତେକଣ ବୋହି ନ ନେଇଚି
ଘଡ଼ୁର୍ଯ୍ୟର ଘରପୋଡ଼ି ବେଳେ
ନିଆଁ ମୁହଁରୁ, ହେଲେ

ଗୋଟିଏ କଥାକୁ
ଦେଇପାରିଚି କି ପରକଥାର
ମନ୍ତ୍ରରୁ ପଦେ ?

ଜାଣିପାରିଚିକି
ବଧୀର ପତ୍ରର ଶିରାଭିତରେ
ଏତେ ଦିଆନିଆ
ଚାଲିଚି ବୋଲି
ନେତିନେତିର
କାନ ହଲିଲା ବେଳେ ଶିଂଶପାର
ବର୍ଷାପୂର୍ବର ତୋଫାନ୍‌ରେ ?

ଜଣେ କିଏ ତ ପାରିବ
ଜଣେ କାହାକୁ ତ ହାତବୁଲାଇ
ପୋଛିନେବାକୁ ହେବ
ଝାଳ କଳାନିଦର
କପାଳରୁ
ଜଣେ କାହାକୁତ
ଯିବାକୁ ହେବ ପ୍ରଥମେ,
ଅନ୍ଧାରରେ ବାଡ଼ି ଠକ୍‌ଠକ୍ କରି,
ଗୋଟିଏ ଭଙ୍ଗାରୁ
ଆଉ ଗୋଟିଏକୁ ଅଲଗା କରି,
ପାଦପକାଇ ସାବଧାନରେ,
ସନ୍ଧ୍ୟାର ସୁଠାମରୁ
ଧସିବା ଆଗରୁ
ଅଧାଗଢ଼ା ସ୍ଥାପତ୍ୟ ଦେହରୁ ?

ନିଦରେ ଶୋଇଚ ନୀହାରିକା
ଶୋଇଥାଅ ।
ମୁଁ ଏଇଠି ଅଛି
ଶୋଇନି ଏଯାଏଁ ।

ବେଳ ଅଛି
ଅନେକ ଜାଗା ବି
ବଳିଚି କାଲିର ଧ୍ୱଂସସ୍ତୁପ ଉପରେ

ରହିଚି ତଥାପି ଅବଶେଷ
ବଳକା କାମର କୋଟିକମ
ନୈରାଜ୍ୟର ଉଲ୍‌କାର ପିଠିରେ ।

ବିଦାୟ

ସକାଳକୁ ମୁଁ ନଥିବି ।

ନଥିବି ମାନେ -
ରୂପେଲି ଖାଲି ଟ୍ରେରେ
ଅଇଁଠା ଚ' କପ୍‌ଟାଏ
ଥିବ ହୁଏତ, ହେଲେ
ନଥିବ ଆସୁଚି କହି
ଯାଇସାରିଥିବା ରାତିର ଅତିଥି ।

ମୋତେ ପାଇବ ନାହିଁ କୋଉଠି -
ପିଲାଦିନର ସାଙ୍ଗକୁ ବା
ସଜାଗ ବୁଢ଼ାଓସ୍ତର ସିନ୍ଦୂରିମାକୁ,
କେହି କହିପାରିବେ ନାହିଁ -
ମୁଁ ବାଁକୁ ଗଲି ନା ଡାହାଣକୁ
ପାଦ ଠିକ୍ ପଡୁଥିଲା କି ନା,

ଦେହସାରା ଅସଂଖ୍ୟ ଉଲ୍‌କାର
ପୋଡ଼ାଦାଗ ଲୁଚେଇବା ପାଇଁ
ପିନ୍ଧିଥିଲି କି ନା
ଧୋବ ଫରଫର୍ ଜାକେଟ୍ ଉପରେ ଅନ୍ଧାରର
ଗାଢ଼କଳା ରଙ୍ଗର ଚନ୍ଦିନୀ ?

ଯିବି ଯିବି ବୋଲି କହିଚି ତ
କେତେଥର । କହିନି ?
ମାଛରୁ କଂଟା କାଢ଼ିଲାବେଳେ
କହିଚି, କହିଚି ଛେପ
ଢୋକିଲା ବେଳେ
ପଦ୍ମପତ୍ରରେ ଢଳଢଳ ଟିଳକୁ ଦେଖି
ତୁମୂଳ ଜଂଘରେ ।

ତମେ ଶୁଣିବି ଶୁଣିନ
ଯେମିତିକି ସାପ୍ତାହିକୀର
ତୂରୀ - ଭେରୀରେ
ଛାଟିପିଟି ହୋଇ ପଳାଉଥିବା
ଦଗାବାଜ୍ ଗୋଟାଏ କାନ୍ଦ ସେଇଟା
ଗଣତି ନାହିଁ ଯାର
ସୁଖର ହିସାବରେ ।

ଶୁଣ,
ମୁଁ ଯାଉଚି ରାସ୍ତାର ଆରପଟକୁ ।
ଯାଉଚି ମାନେ -
ଫେରୁଚି ଯୋଉଠୁ ଆସିଥିଲି ସେଇଠିକି,

ମୋତେ ଖୋଜିବ ନାହିଁ,
କବାଟ ବି ଖୋଲିବ ନାହିଁ ଆଉକାହାକୁ ।

ପଡ଼ୋଶୀ

ଯିବାଆସିବା ଲାଗିରହିବ ଏଣିକି
ଆପଣଙ୍କର ମୋ ଘରକୁ, ମୋର
ଆପଣଙ୍କ ଘରକୁ। ସୁଖଦୁଃଖରେ
ଆପଣ ଲୋଡ଼ିବେ ମୋତେ, ମୁଁ ଆପଣଙ୍କୁ।

ଇଏ ବି ଗୋଟିଏ ଖେଳ - ଆପଣ
କଥାରେ କଥାରେ ହାଣି ଦେଉଥିବେ ମୋତେ,
ମୁଁ ଆପଣଙ୍କୁ। ରକ୍ତର ଛିଟାଟିକେ ବି
ପଡୁନଥିବ ନୂଆ ନୂଆ ଚୂନଧଉଳା କାନ୍ଥରେ
ଘା' ଶୁଖିଯାଉଥିବ ଆପେ ଆପେ।

ସାଙ୍ଗହୋଇ ବସୁଥିବା ଗୋଟିଏ ନାହାରେ
ବେଳଦେଖି ଆପଣ ମୋତେ ଠେଲି ଦେଉଥିବେ
ପାଣିକୁ, ମୁଁ ଆପଣଙ୍କୁ।

ହସିବାଛଡ଼ା ଆଉ ଉପାୟ ନଥିବ
ମଝିନଇରେ ।

ଖେଳରେ ଖେଳରେ
ସନ୍ଧ୍ୟାହେବ ଯେତେବେଳେ -
ଅନ୍ଧକୂଅରେ ଢୁଲ୍‌ଦାଲ୍ ହୋଇ
ପଡ଼ିବେ ଆସି ଆକାଶ ଦାଢ଼ରୁ
ଉହୁଁକି ପଡ଼ି ଖେଳ ଦେଖୁଥିବା
ଉଦଗ୍ର ତାରା ପଂଝାଏ,

ଆପଣ ମୋତେ ପଚାରିବେ - ଆପଣ
କିଏ ? ମୁଁ ବି ଆପଣଙ୍କୁ
ପଚାରିବି - ଆପଣ କିଏ ?

କୂଅରେ ପଡ଼ି ଧୀରେ ଧୀରେ
ମଣିଷ ହେଉଥିବା ତାରା ପଂଝାଏ ଭାବିବେ -

ଗାଡ଼ି ଯଦି ତୟାର୍
ଏମାନେ ଯାଉନାହାନ୍ତି କାହିଁକି ?
ଜଣେ ଜାମାଯୋଡ଼ ହୋଇ
ଯିବ ଯିବ ହଉଚି କେବଠୁ
ଆଉଜଣେ ପଟେ ଧାରୁଆ ହସର
ଖଣ୍ଡାକୁ ବସି ଆଉଁସୁଚି
ସେତିକିବେଳୁ ।

ଏଇଥରକ

କେତେକଣ ଏକାଠି କରି
ଗଢ଼ିଚି ମୋତେ -
କେବେ ଶୁଖୁନଥିବ ନଈରୁ
ନେଇଚ ପାଟିଟୋପାଏ,

ନିଆଁଟିକିଏ ପାଇଚ ରସାଳ
ପିଆଶାଳକୁ ଘସି ବୃକ୍ଷାଳ
ମେହଗାନୀରେ,

ଧୂଆଁ ସୋରାଏ
ଭସାଇ ଆଣିଚ କେତେଦୂରର
ଘରପୋଡ଼ିରୁ,

ତାଳବଣିର ଘେରରୁ ପାଇଚ
ବଳକେରାଏ
ମରୁତ୍‌ର

ଉଡ଼ିଗଲା ବେଳେ ଝଡ଼ିପଡ଼ିଥିବା
ଭଦଭଦଳିଆ ପରରୁ ନେଇଚ
ନଭ ଚେନାଏ,
ଏତେ କଷ୍ଟରେ ଗଢ଼ିଚ ମୋତେ
ଭାଙ୍ଗିଗଲେ କଣ
ଗଢ଼ିପାରିବ ଆଉରି ଥରେ ?

ଏଇଥରକ ସୁଯୋଗ ଦିଅ :

ପବନହାତରେ ଦୀପଟି ଥୁଏଁ
ଝୁଲଉଡ଼ାଇ ପାଉଁଶରୁ
ନିଆଁଲଗାଏଁ ଅଣ୍ଡାତାରାରେ ।

ଶେଷଯାମ

ଡେରିଅଛି ସକାଳ ପାଇଁ,
ଚକର ଅଖ ତିଆରି
ସରିନି ଏ ଯାଏଁ।

ଶୁଣ,
କୋଉଠି କଣ ଗଡ଼ାଉଛିଲିଚି
କରତ ଚଲା ଶବ୍ଦ ଶୁଭୁଚି
ପବନରେ,

କାଠକୁ ଯୋଡ଼ିବା ପାଇଁ
କାଠରେ, ତାରାର
କଂଟାପିଟା ଚାଲିଲା ସାରାରାତି
ଆକାଶରେ।

ଏ କ'ଣ ସତ ?

ହଁ, ଯାଦୁକରର ଯନ୍ତାରୁ
ଜୀଅନ୍ତା ପାରା ବାହାରିବା
ସତ ଯେମିତି,
ସତ ଯେମିତି
ବଢ଼ିପାଣିରୁ ବାୟାର
ଶବ ଉଦ୍ଧାର ।
ଯେମିତି ଚାହିଁବ
ସେମିତି ଦିଶିବ ସବୁ,

ଖାଲି ଚାହିଁଲେ ହେଲା
କାଠ ହୋଇ କାଠକୁ
ରାତିର ଶେଷଯାମରେ ।

ନୂଆବର୍ଷ

ଜାମାର ବୋତାମଦେବା ମୁସ୍କିଲ୍
ଯୋତାର ଫିତାବାନ୍ଧିବା ମୁସ୍କିଲ୍
ମୁସ୍କିଲ୍ ଗତିକୁ ନା କହିବା
ତାରାଭିଡ଼ ଠେଲି
ଧସାଇ ପଶିବା ମୁସ୍କିଲ୍
ରାତିର ଜୁଆଖାନାରେ

ବିଦାୟର ଐକତାନ
ବାଜୁଚି ଯଦି ବାଜୁ,
କିଛି ବୋଇଲେ କିଛି ନଥାଉ
ପାଖରେ,
ନା ଭେରୀ ନା ତୂରୀ ନା ନାରୀ ନା ଛୁରୀ
ନା ପାଟିର ପ୍ରବାଳ ନଉକାରେ ନିତିଦିନର ନାଉରୀ।

ଚୁପ୍‌ଚାପ୍ ଯାଇ ଫୁଲଦାନୀରୁ
ପୁରସ୍କୃତ ଗୋଲାପଟିକୁ

ଉଠାଇନେବା କଥା ଆମର,
ନେବା ।

ରାତିର ବଗିଚାରେ
ଫଳ ପାଚିଲା ବୋଲି
ଜାଣିବା ନାହିଁ, ଠିକ୍
ପାଖାପାଖିରେ
ପାଚିଲା ଦାନର
ମୋକ୍ଷଲାଭକୁ ବି
ଗଣିବା ନାହିଁ
ସୁଖରେ, ଠିକ୍ ।

ବିନିମୟ

ତମେ ପର୍ଦା ଉଠାଇ
ବର୍ଷା ଦେଖୁଚ ? ଦେଖୁଚ
ବର୍ଷାରେ ବୁଡ଼ିଚିକି ନା
ଓଳିତଳର ବନ୍ଦର ?
ଦୂରରୁ
ରାତିର ସମୁଦ୍ରରୁ
କିଏ ଯେମିତି ଡାକୁଚି ଆ'
କୋଳରେ ବସ୍, ଗୀତଟିଏ
ଗାଆତ ଦେଖି ଭଲ ପାଇବାର ।

ତମେ ଡରିଯାଉଚ
ନିଜ ଶବ୍ଦରେ ନିଜେ,

ଫଣାଟେକି ଠିଆ ହୋଇଥିବା
ପ୍ରତିଧ୍ୱନୀର ଭୟରେ

ଜଣାଇଦେଉଚ
ଘରର ପ୍ରାଚୀନ ଦେବତାକୁ
ରକ୍ତାକ୍ଷରା ମେଘର ସଂଦେଶ
ସଂକ୍ଷେପରେ,
ସବୁ ଡାକକୁ ଭାବିନେଉଚ
ଚେଡିଚନ୍ତୁରୀ ଚହିଁଲା ବୋଲି

ମୁହଁ ଲୁଚେଇ
ଗାଢ଼ ଲାଲ୍ ଓ
ଜରି ଝଲ୍‌ମଲ୍
କନାଖଣ୍ଡକ କେତେବର୍ଷର
ସାଇତି ରଖୁଚ
ସିନ୍ଧୁକରେ।

ଏ ଭିତରେ କେତେ
ବଦଳିଯାଇଚ ତମେ !

ହସିପାରୁନ ସହଜରେ
କାନ୍ଦି ବି ପାରୁନ,
ମାଗିପାରୁନ ହାତବଢ଼ାଇ
ଦେ' ବୋଲି,
ଦେଇବି ପାରୁନ
ଖୋଲା ହାତରେ –

ହଳଦିଆ ମୁଖାମୁହଁରେ
ଅଙ୍କା ହୋଇଚି ଯୁଗଯୁଗର
ଭୁଲତାଟିଏ କଳାପ୍ରଶ୍ନର,
ନଇ ଖାଉଚି ଉତ୍ତରକୁ
ସାତମହଲାରେ
ରଖା ହୋଇଥିବା
ସିନ୍ଧୁକରେ।

ଘୋର ବର୍ଷାରେ
ଓଳିତଳର ବନ୍ଦରରୁ
ବାହାରିଥିବା ସେ ଡଙ୍ଗାଟିର
କଣ ହେଲା କେବେ
ପଚାରିନ।

ଜାଣିଚ ଶେଷରେ
କଣ ହେଲା ସେ ଡଙ୍ଗାଟିର ?

ଡଙ୍ଗା ତମର ଏ ଭିତରେ
ପହଂଚି ଯାଇଚି
ନାହିଁନଥିବା ଦ୍ୱୀପରେ,
ସାଧବମାନେ ବାହାରିଚନ୍ତି
ସତସତିକା ହାତୀଦାନ୍ତର
ଭାର ନେଇ ବଜାରକୁ -

ଆକାଶର
ଉତ୍ତରୀୟରୁ ଖଣ୍ଡେ
ଆଣିବେ ବୋଲି ବଦଳରେ।

ରୂପକଥା

ଏତେବଡ଼ ରୂପକଥାକୁ
ସାରି ଦେ'ନା ଏଡ଼େ ସହଳ -

ରହିରହି କହ,
ପାଗ ଭିଡ଼ିବାକୁ ସମୟ ଦେ'
କୁମର କୁ,
ବାହାରିବାକୁ ଦେ'
ଘୋଡ଼ା ଛୁଟିବାର ଘଡ଼ିକୁ
ଘୋର ସଂଶୟର
ଜଟାଜୂଟରୁ।

କହନା, ଏଡ଼େ ସହଜ
କହନା -

ରାତିକ ଭିତରେ
ଆଖିବାଳରେ

କିଏ ସେ ବୁଣିଲା
ବାଟ ଚହିଁବାର ସହସ୍ରପାଟ,
ସସାଗରା ଧରା
ଶୁଖିଗଲା ବେଳେ
କୋଉଠି ଥିଲା,
କାହା ପଛେ ପଛେ
ଧାଇଁ ଧାଇଁ ଗଲା
କଲୁରିବେଂଟ,

କଅଣ ଏଇନେ କହୁଥିଲିଟି
କହି ପୁଣିଥରେ ଆରମ୍ଭ କର -

ବୁଢ଼ା ରାଉତ ନଈକୁ ଯୋଉଠୁ
ଦି'ଭାଗ କଲା ଫରୀ ଖଣ୍ଡାରେ
ଗାୟାଳ ଟୋକା ଯୋଉଠୁ ଗଲା
ଫୁଲକୁମାରୀର ସଖି ଘରକୁ ମାଛିରୂପରେ
ସାର୍‌ନା, କଥା ସାର୍‌ନା
ପହଂଚିବାର ନାଁ ନେ ନା ଏ ବନସ୍ତରେ

ଖିଅ ଲମ୍ବିଥାଉ,
ଖୋଜା ଚଲିଥାଉ।

ଚକ

ସାରକଥାଟି କୁହା ହୋଇନାହିଁ ଏ ଯାଏଁ
ଖୋଜାଚାଲିଚି ଉପାୟ :

ଥିଲେ ଯେତେ ସମର୍ଥ ଉପମା
ଆଖପାଖରେ
ସମସ୍ତେ ଗଲେଣି
ଗାଧୋଇ ଯମୁନାକୁ
ବିଜାର୍ ହୋଇ ବାହୁଲ୍ୟରେ,

ଉପଲକ୍ଷ୍ୟ କେତୋଟି କେବଳ
ବାଡ଼ି ଠକ୍ ଠକ୍ କରି
ଚାଲିଚନ୍ତି ରାତି ଡିଉଟିରେ,

ଭୂଇଁ ଦୁଲୁକାଇ
ସାଢ଼େ ପାଂଚଟାରେ

ବାହାରିଥିଲା ଯେ ମେଲ୍
ଦି' ଦି' ଥର ପାଣିନେଲାଣି
ହାତୀଶୁଣ୍ଢରୁ
ପହଂଚିବାର ନା ନାହିଁ
ମୋଗଲସରାଇରେ
ନାରଙ୍ଗୀ ବମ୍କାଇର
ଉଚ୍ଛୃଙ୍ଖଳ କାନିରେ
ତମେ ବାନ୍ଧି ସାରିଲଣି
ଯେତେ ଯାହା ସୁକୃତ ରାତିର,

ଯିବା ଯିବା କହି
ଠିଆ ବି ହେଲେଣି
ଅଭ୍ୟାଗତ ଶେଷ ପ୍ରହରର

କୁହା ହୋଇନାହିଁ ତ ତଥାପି,
ଆଉ ଘେରାଏ ବୁଲିଆସିବାର
ବେଳ ହେଲାଣି ଚକର।

ସୂର୍ଯ୍ୟ : ଶତ୍ରୁ

ସବୁ ଜରୁରୀ।

ସୁଭାଷଙ୍କୁ ଷ୍ଟେସନ୍‌ରୁ
ରିସିଭ୍ କରିବା ଜରୁରୀ,

ଜରୁରୀ ଚଢ଼େଇ ହୁରୁଡ଼େଇବା
ବିଲରୁ,

ବାଇଶିଟି ଯାକ ପାହାଚ ଡେଇଁ
ଉପରେ ପହଂଚିଯିବା ଜରୁରୀ

ପିପିଲିରୁ ଚାନ୍ଦୁଆ କିଣିବା
ଜରୁରୀ।

ତରତର ହୋଇ ଜନ୍ମ ହୋଇ ପଡ଼ିବା
ଜରୁରୀ ଜୈତ୍ରବନରେ,

ଯାତ୍ରାର ଜୋକର୍ ପାଇଁ
ଜୟଯାତ୍ରାରୁ ଓହରିଯିବା
ଜରୁରୀ,
ନିଆଁର ଛତାଖଣ୍ଡେ ଧରି
ଖାଲିପାଦରେ ବାହାରିଥିବା
ଶତ୍ରୁକୁ ମୋର ଦେଖ -

କିଛି ବି ତ ଜରୁରୀ ନୁହେଁ
ତା ପାଇଁ,

ଯୋଉବାଟରେ ଯିବା
ସେଇବାଟରେ ଆସିବା,
ଛିଣ୍ଡିଗଲେ ବି ମରାଳମାଳା ବାଟମଝିରେ
ଜରୁରୀ ନୁହେଁ ଗୁନ୍ଥିବା।

ଛଦ୍ମବେଶ

ମୁଁ ନଥିବା ବେଳେ, ତମର
କାଞ୍ଚନିକ ସୁଖର ପେଟଚିରି
ଦେଖିବ ଦିନେ ମୁଁ ହିଁ ଥିବି
ତା ଭିତରେ ଛଦ୍ମବେଶରେ।

ତମରି ଅଭିଶାପର ବାଡ଼ି ହାତରେ
ମୁଣ୍ଡରେ ତମରି ଘୃଣାର ମାଙ୍କଡ଼ଟୋପି,
ତମରି ଅବିଶ୍ୱାସର ଯୋତା ପାଦରେ।
ଜାଣ ? ମୋକ୍ଷ ନାହିଁ ସୁଖରେ
ସେଇଥି ପାଇଁ ତ ସୁଖ ପେଟରେ
ମୋର ପୁନର୍ଜନ୍ମ ଦୁଃଖବେଶରେ।

ଉପଦେଶ

ଯାହା ଚାହୁଁଚୁ କର
ମୋତେ ପଚାରନା -

ମୁଁ ଏଇମାତ୍ର ଫେରିଚି ଦେଖୁନୁ
ସୁଟ୍‌କେଶ୍ ବି ଖୋଲିନି ବି ଏ ଯାଏଁ

ଉଭୟ ଫଳ ଓ
କାମନା ଫଳର ବନ୍ଦ୍
ତା ଭିତରେ।

ଗଲାବର୍ଷ ଏଇ ସମୟରେ
କୋରାପୁଟରୁ ଫେରିଲା ବେଳେ
ଅନ୍ଧମଉସା କହିନଥିଲେ
ଗାଡ଼ିଚଳାଇ ଶିଖ୍ ବୋଲି ?
କହିନଥିଲେ ? - ସେଇଆ କର୍

ଗାଡ଼ିଚଳାଇ ଶିଖ୍
ମାଡ଼ିଯା ଯୁଆଡ଼େ ଆଖି ପାଉଚି
ଦୁର୍ଘଟଣାକୁ ଡର୍‌ନା -
କ'ଣ ବା ଆଉ କରାଯିବ
ଉନ୍ମନା ମୟୂରଟାଏ କଦବା କେବେ
ପୁଚ୍ଛମେଲାଇ ଠିଆହୁଏ ଯଦି
ବାଟମଝିରେ !

ମାରିବାକୁ ହେବ କ୍ରୌଂଚକୁ ?
ମାର୍।

ଆଉ ଟିକିଏପରେ
ମୁଁ ଖୋଲିବି ମୋର ସୁଟ୍‌କେଶ୍
ଫଳ ଓ ଫଳର କାମନାକୁ
ଥୋଇବି ଅଲଗା କରି
ହାତ ପାଆନ୍ତାରେ,

ଆଖିବୁଜି ବସିଚି ଘଡ଼ିଏ
ଅଧାପଢ଼ା ଉପନ୍ୟାସଟେ
ଲେଉଟାଇବି ହୁଏତ;

ତା'ପରେ ଶୋଇପଡ଼ିବି
ଫଳର ସୁଗନ୍ଧଭରା ବିପୁଳ ନିଦରେ।

ଯାହା ଚାହୁଁଚୁ କର୍
ମୋତେ ପଚାର୍‌ନା।

ପଶ୍ଚିମ

ଛୁଇଁପାରିବି ? ହାତରେ ଧରି
କହିପାରିବି ଏତକ ମୋର ବୋଲି ?

ନିଶୂନ୍ ଘରେ
ଅଲୋଡ଼ା ହୋଇ
ପଡ଼ିଚି ଯେଉଁ
ଭଙ୍ଗା କରତାଳିର
ବାୟାଁରୁ କି ଡାୟାଁରୁ ପଟେ
କେରାଏ କାଇଁଚ ମାଳି କି
ଖଡ଼ିଗୋଟାଳିରୁ ଗୋଟେ,

ଏକାଠି କରି ସେତକ
ସମ୍ପୂର୍ଣ୍ଣ - ୦ - ଟିଏ କରି
ଥୋଇପାରିବି କି ପଶ୍ଚିମର
ଭାଲପଟରେ ?

ପାରିବି ନାହିଁ ଯଦି
କହିଦଉନି କାହିଁକି ?
କାହିଁକି ଧନ୍ଦି ହଉଚି
ସେବଠୁ - ଖୋଲୁଚି
ବନ୍ଦ୍ କରୁଚି ମୁଠା,
ବନ୍ଦ୍ କରୁଚି, ଖୋଲୁଚି,
ହାଣ୍ଡ୍କାଟ୍‌ରେ ମାତିଚି
ସାରାଦିନ,
ଚିରି ଦିଫାଳ କରି
ଶୁଆଇ ଦେଇଚି ସୋଦର ସମାନ
ନଈକୁ,
ଓଢ଼ଣାଟାଣି ଆଡ଼ରେ
ବସିପଡ଼ିଥିବା ପାହାଡ଼ର
ସରୁନାକରୁ
ଭିଡ଼ିଓଟାରି କାଢ଼ିଚି
ପଥରବସା
ନୋଥ ଚଉଠିର।

କହିପାରିନି -

କାହିଁକି କହିନି
କିଏ ଜାଣିଚ ?

କିଏ ଜାଣିଚ କହିଲାପରେ
ଆଉ ରହିବ କି ରହିବ ନାହିଁ
ସୁନ୍ଦର ଭ୍ରୁଭଙ୍ଗୀର କିମିଆ
ଅସ୍ତାଚଳରେ,
ଫୁଟିବ କି ଫୁଟିବ ନାହିଁ
ଫୁକିଆ ତାରା
ଅଧାକାନ୍ଥିର ଆରପଟରେ ?
କିଏ ଜାଣିଚି ?

ଅୟମାରମ୍ଭ

ଫଣା ଦେଖି
ଫେରି ଚାହିଁବାର ନାହିଁ,

କହିବାର ନାହିଁ,
ପଛେପଛେ ଚାଲୁଥିବା
ଛାଇକୁ - ନିର୍ବୋଧ, ଦୂର୍ ହ'

ସିନ୍ଦୂରା ଫାଟିଲାବେଳେ ପଶ୍ଚିମରେ
ଢାଳିବାର ନାହିଁ ସକାଳର
ଶୂଳୀରେ ବ୍ୟର୍ଥରେ
ଏତେ ଗାଢ଼ ରକ୍ତ ପଳାଶର,

ଦିଶିଲେ ବି ପାଚିସାରିଥିବା
ଓଠଭଳି ରସାଳ ବିମ୍ବକୁ
ଭୁଲ୍‌କରି ତୋଳିବାର ନାହିଁ,

ଲୋଭକରି ଧୂଳିରୁ ଗୋଟାଇ
ରୁମାଲ୍‌ରେ ଗଣ୍ଠିଦେଇ
ରଖିବାର ନାହିଁ
କାଉର ଥଣ୍ଟରୁ ଖସି
ପଡ଼ିଥିବା ଦି ଚାରିଟା
ଫଳ କଣ୍ଟନାର,

ଘୋର ନିଦରେ ବି
ରାତିର ବୀଭତ୍ସଶିଅ
ଧରି ଧରି
ଧଇଁସଇଁ ହୋଇ
ଉଠିବାର ନାହିଁ ଉପରକୁ,

ଏଇ ଶେଷ -
ଏଇଠି ଥାଇବି
ହୃତ୍‌ସ୍ପନ୍ଦନ
ଶୁଭିବା ଦୂରର ଢୋଲଭଳି,
ରହି ରହି ସାରାଦିନ ଡାକିବା
ବାତୁଳ ବଇଁଶୀର
ନାଁ ଧରି,
ଢାଳି ଅସରାଏ ବର୍ଷିଯିବା
ତୋଫାନ୍ ଆଗରୁ,

- ସବୁ ଶେଷ ଆରମ୍ଭ
ସେଇଠୁ।

କ୍ରିୟା

ବସି ବସି ପାହାଡ଼ ହେବି ଦିନେ

ଘାତକ ହାତର କାତି ବୁଲି ବୁଲି
ଛୁଇଁବ ଯେବେ ଛାତିକି
ମଲି ମଲି କହି ପଳାଇବାର
ବାଟ ନଥିବ କଟକରେ।

ରୋଷର ଚୌକଷ ମୁଗୁନିରେ
ଗଢ଼ାହେବ ହଁ ଗଢ଼ାହେବ
ଦେହ ପାହାଡ଼ର,
ସେଇଥି ପାଇଁ -
ନିତିଦିନର ଚିତେ ଉଁଚର
ନିଅଁ ଉଜୁଡୁଚି ଥରକୁ ଥର,
ନୀଡ଼ ଖୋଜିଲା ଚଢ଼େଇ ନୁହେଁ
ଭୁଲଟଟାଟିଏ ଆଶାର

ହରାଇଥିବା ଆଖିଖୋଜୁଚି
ପାଉଁଶଗଦାରେ ଆକାଶର।
ଜାଣିଚି ବୋଲି ତ ବସିଚି -

ବଉଳଫୁଲ ସଢ଼ିଯାଇଚି
ପଡ଼ିପଡ଼ିକା ଶେଯରେ
ଛୁଇଁଚି ଦିନେ ?

କେତେଶିଳାର ତୂଳା ଉଡ଼ିଚି
ଦିନଦିନର ତୋଫାନ୍‌ରେ
କହିଚି କିଛି ?

ଶବ୍ଦଟିଏ ବାଛୁଚି
ହଁ ବାଛୁଚି
ଜଣେ କାହାକୁ ଦେବିବୋଲି
ବାଛୁଚି ନିଜ ହାତରେ
- ପାହାଡ଼ ହେବା ଆଗରୁ।

ଜୀବନୀ

ଦେହ ଛୁଇଁ ଶିର୍ ଶିର୍ ହୋଇ
ବୋହିବ ଯେବେ ରାତିଶେଷର ପବନ
ହାଡ଼ର ଶୁଖିଲା ରିଡ୍ ଉପରେ
ଚଳିବ ଯେବେ ଏକାସାଙ୍ଗରେ
ପାଂଚଟିଯାକ ଆଙ୍ଗୁଳି

ସେତିକିବେଳେ
ବୁଝିବା ଆମେ
ଭୁଲ୍‌ହେଇଚି ଭୁଲ୍‌ହେଇଚି
ଆମର –

ଗୀତଟି ବୋଧେ
ଗାଇଦେବାର ଥିଲା ଆଗରୁ,
ଯେତେଯାହା କହିବାର ଥିଲା
ବସନ୍ତର, ଶୁଣିନେବାର ଥିଲା

ସେତିକିବେଳେ,
ବେଳ ଥାଉଁଥାଉଁ
ଗେରୁ ପାହାଡ଼ର କୁଳ ଉପରେ
ଖୋସିଦେବାର ଥିଲା
ଯୋଡ଼ିକଯାକ ପର ଧୂଆଁର

ପୁରୁଣାରାତିର
ଲୁହାଫ୍ରେମ୍‌ରେ
ବାନ୍ଧିଦେବାର ଥିଲା
ଦ୍ୱିତୀୟାର ଦରହାସକୁ,

ସମୁଦ୍ରରେ ପଡ଼ିଲାପରେ ବି
ନୂଆନଈକୁ ଡାକି
କହିବାର ଥିଲା - ଯା'
ଆଉ ମୁଠାଏ ବାଲି ଆଣ୍‌ତ କୂଳରୁ !

ପେଟରୁ କାଟି
ଅନ୍ତହୀନ ଯାତ୍ରାରୁ ଦି'ପାଦ
ରଖିନେବାର ଥିଲା
ଅବଶେଷର କାହାଣୀ ପାଇଁ,

କିଛିଦିନ ପାଗଳ ହୋଇ
ଯିବାର ଥିଲା ତ
କିଛିଦିନ ମାତାଲ୍ ହୋଇ।

ବ୍ରହ୍ମଜ୍ଞାନ

ଟେରା ଭିତରେ ଯେମିତି
ଦେଖିଦେଇଚି ଅପୂର୍ବ ନାରୀଟିକୁ
ଚିତ୍‌କାତ୍ ହୋଇ
ପଡ଼ିଯାଇଚି ବିଚରା -

ସୋର୍ ନାହିଁକି ଶବ୍ଦ ନାହିଁ
ଟଭାଗଛର ଡାହିରେ
ଆପଣାଛାଏଁ ପାଚିଯାଉଚି
କଷି ଧରୁ ଧରୁ ଖରା,

ପାଣିଦଉଚି ମେଘ
ମରି ଆସିଥିବା
ଦିପହରର ମୂଳରେ
ଥରକୁ ଥର,

ପବନ ତୋଳିଲାଗିଚି
ଏକାଠିକରି ଶୁଖିଲାଲୁଗା
ଅପରାହ୍ନର ଛାତରୁ,
ଏ ଭିତରେ –

ଗେଟ୍‌ର ଆଁ ଭିତରକୁ
ପଶି ସାରିଲେଣି
କେରାଏ କୁଶହାତରେ ରଥେ,
ତାଙ୍କର ପଛେ ପଛେ
ଅରଣା ଗାଈଗୋଠ
ଗୋଧୂଳିର।

ସୁଲୁସୁଲୁ ବାଆ ବୋହୁଚି
ଦକ୍ଷିଣରୁ, ଖିଆଲ୍ ନାହିଁ

ଆକାଶରେ ମଲ୍ଲୀ ଫୁଟିଚି କି
ମରୁଆ, ଖିଆଲ୍ ନାହିଁ

ହୋସ୍ ଆସିନି ଏ ଯାଏଁ।

ଖେଳଘର

କୋଉଠି କିଛି ନାହିଁ ବୋଲି
ତୁ କଣ ଜାଣି ନ ଥିଲୁ ଆଗରୁ ?

ମୁଁ ପରା ନିଜେ ତୋର ନମୁନା
ଧୂଳପଦର ସୁନେଲି ଟୋପା
ଦ୍ୱିପ୍ରହରର ହୁତାଶନରେ !

ମୋତେ ଦେଖ୍, କହିପାରିବୁ
ମୁଁ ଅଛି କି ନ ଅଛି
ଲେଖାହୋଇ ଧୂଳିର କପାଳରେ ?

ଆ' ଗଢ଼ିଦେଇଚି ଖେଳଘର
ଖେଳିବୁ ଆ'

ଦୁଧଢୋକେ ଦେ' ରବରର ସାପକୁ
ତୂଳାର କାକତୁଆକୁ ଉଦ୍ଧାରକର୍

ଭବଜଳରୁ,
ଯୋତାଫିତାର ପ୍ରଜାପତିକୁ ଧର୍
ପାହାଚ ଡେଇଁଯିବା ଆଗରୁ
ପଯର।

ଆଉ କୋଉଠି କିଛି ନାହିଁ,
ଯେତେ ଯାହା ଖାନତଲାସ୍ ପ୍ରାର୍ଥନାର
ସବୁ ଖାନାପୁରି କେବଳ,
ୟା ଠୁ ଅଧିକ ମଞ୍ଜୁର୍ କରିନାହାନ୍ତି ଈଶ୍ୱର
ଖେଳିବୁ ଆ’

ନେତ

ସ୍ୱାଗତ ପାଇଁ
ଚାନ୍ଦ କି ଫାନ୍ଦ
କିଛି ନାହିଁ ଆକାଶରେ,
ତରାଫରା
କେହିନାହାନ୍ତି କୋଉଗୋଟାଏ
କୋଣରେ

ଅନ୍ଧାର ରାତିରେ
ଓହ୍ଲାଇପଡ଼ି ବସ୍‌ରୁ
ଶଗଡ଼ଗୁଳାରେ
ସାଇକ୍ଲ ମାରି
ଗ୍ରହଗ୍ରହାନ୍ତର ଛୁଟିଚି ଯିଏ,
ଜାଣିବା ଯାହାକୁ
ଅନ୍ଧାର ଘରେ
ଗୋରାବେକର ସୁନାଚେନ୍‌ରୁ,

କୋଉଠି ସିଏ ?
ରାସ୍ତା ଆଉ ଦିଶୁନି ବୋଲି
କହନା
ପଶିଯା ଦୂରରୁ ଦିଶିଯାଉଥିବା
ନେତ ଉପରେ ନଜର ରଖି

ଅପାଂକ୍ତେୟତାର
କଟୁରିରେ କାଟି
ଉଡ଼ାଇ ଦେ
ଶିଆଳୀଲଟାର ଲମ୍ବା ପରେଡ୍,
କାନସମେତ
ଯାବୁଡ଼ି ଧର୍ ମୃଗୁଣୀକୁ
ଗୁଳିମୁହଁରେ ।

ବିଷଫିଷ କିଛିନାହିଁ କୋଉଠି
ମୁହଁଲଗାଇ ପି' ଯେତେ ପାରୁଚୁ
ନିଆଁର ପ୍ରସ୍ରବଣରୁ,

ଆଜିର ଫେରିବା
ସବୁଦିନର ଫେରିବାଠାରୁ
ଅଲଗା ।

ଉପାଖ୍ୟାନ

କିଏ ଜଣେ କହିଲା : ଯିବାକୁ ହବ
ଯିବାକୁ ହବ
ଯିବାକୁ ହବ
ରାବି ଉଠିଲେ
ଅସଂଖ୍ୟ କାଉ କଜଳପାତୀ
ଶିଶୁକାଠର ଖଟବାଡ଼ରେ,

ଭିଡ଼ିମୋଡ଼ି ହୋଇ
ନିଆଁ ଉଠିଲା ଧୂଆଁରୁ,

ଟଳମଳ ହୋଇ
ଉଠିଆସିଲା ଭଅଁର ଚିତ୍ରର
ଚଅଁର ଉପରୁ,

ହଁ ହଁ କହି
ଉବୁକି ଉଠିଲା

ପ୍ରତ୍ୟାଖ୍ୟାନର
ତାଳି କୂଅରୁ,
ରାସ୍ତା ବନ୍ଦ୍ ରାସ୍ତା ବନ୍ଦ୍
ବାଟଆଗୁଳି ଠିଆ ହେଲା କିଏ
ଅଧାସତର ବେକହାଣିଲା
କୁରାଢ଼ୀ ହାତରେ,
ଅଧାମିଛର ଚମଓଲରା
ଛୁରୀ ଅଂଟାରେ,

କେହି କୁଆଡ଼େ
ଗଲେନାହିଁ ଆଉ ଭୟରେ,
ପାଦେ ହେଲେ ବି
ଚଳିଲା ନାହିଁ
ମେରୁ,

ସହର ମଝିରେ
ଜଙ୍ଗଲଟାଏ
ତିଆରି ହେଲା ଶେଷରେ ।

ଶୃଙ୍ଗାର

ବନ୍ଦ୍ ଓଠର ଦୁଆର ଉପରେ
ତୁହାକୁ ତୁହା ବର୍ଷାମାଡ଼,

ଖୋଲାଆଖିର ଅଣଓସାର
ପିଣ୍ଡା ଉପରେ ଜମିଗଲାଣି
ଆକାଶଯାକର କୁଆପଥର,

ଏଇ ଭିତରେ,
ମଣିନାଗର ଗୁହାରୁ ଯଦି
ଡାକ ଶୁଭିବ ମୟୂରୀର
ଓ'ଟି ମୋରି ବଢ଼ାଇ ଦେବି
ଆଁ ଭିତରକୁ ପଥରର,
ସାରଙ୍ଗ ଗୋଡ଼ ଯୋଡ଼ିକ
ଗୁଡ଼ାଇ ଦେବି ଅଂଟାଦିପଟେ
ପାଣିର,

ଉଠିବି ଯେବେ
ଚାହିଁବି ତାକୁ
ପ୍ରଥମ କରି :
ଲୁହ ଟୋପାକ କେଡ଼େ ସୁନ୍ଦର !
କହିବାପାଇଁ ସତରେ କେତେ ନିଅଁଟ
ପୁରୁଣା ଶବ୍ଦ କେଇଟାର ଛତାଘରର !
ଏଡ଼େ ବିରାଟ ଥାଟପଟାଳି ହରଗଉରାର
ସତରେ କେତେ କମ୍, ଦେହ ଲୁଚିବା ପାଇଁ ପୃଥିବୀରେ !

ରୂପାୟନ

(୧)
ମୁଁ ଏଠୁ ଉଠିବି ନାହିଁ।

ଉଠିଲେ କାଳେ
ଲାଞ୍ଛିତ ହେବ ମୋର ପ୍ରେମ,
କାଳେ ବରାଭୟର
କ୍ଷୀର ଶୁଖିଯିବ
ରାତିର ଛାତିରୁ, କାଳେ
ଅଜଣା ଡୋରରେ
ଛନ୍ଦା ସରିଥିବା
ଦୁଇହାତରେ ଆଉ
ଫୁଟିବ ନାହିଁ କୃତାଞ୍ଜଳି,
କାଳେ ବିସର୍ଜନର
ସାତତାଳରୁ
ଉଠିପଡ଼ିବ ଭ୍ରମ !

ଯିଏ ଯୁଆଡ଼େ
ଯାଉଚ ଯାଅ,
କେହିବି ତମେ
ପାଇବ ନାହିଁ ତାକୁ,
ମାଟି ତଳେ ତଳେ
ଆଗକୁ ଆଗକୁ
ଚାଲିଚି ତା'ର ପ୍ରାର୍ଥନା,

ଥାକ ଥାକ ହୋଇ
ରକ୍ତବୋଳା ଆହାଟି ମାନ ତାର
ଥୁଆ ଚାଲିଚି
ସୂର୍ଯ୍ୟାସ୍ତର କାନ୍ଧ ଉପରେ,

ଅନ୍ଧାରରୁ ଆଲୁଅକୁ
ନେବ ବୋଲି ସେ ଯାହା
କହିଥିଲା, ସେଥିରେ
ମିଛ ତ ନଥିଲା କିଛି,
ମିଛ ଥିଲା ତମର
ବୁଝିବାରେ ସେ
କିଛି କୋଉଠି ନାହିଁ
ଯୋଉ ଅନ୍ଧାରକୁ
ସେଇ ଅନ୍ଧାର
ସବୁଠି।

ବାଘନଖରେ
ଚିରା ସରିଥିବା
ଜ୍ୟୋସ୍ନା ଦେହରେ
ନଈର ରୂପେଲି
ଅଂଟାସୂତାରୁ ଖିଏ
ତଥାପି ଅଛି

ଏକଥା ଜଣାନଥିଲା,
ଜଣାନଥିଲା
ତଥାପି ଅଛି
ଦେହର ଚିହ୍ନ ଟିକିଏ
ଦେହ ବାହାରେ ।

(୨)
ଯିବା ଆସିବା
ଲାଗିରହିବ ଏମିତି -
କେବେ ଇଏ ତ
କେବେ ସିଏ,

ଓଠ ପିଠିରେ
ଓଁକାର ନେଇ
ଆସିବ ଯଦି ଜଣେ
ଦୂରଦେଶରୁ ପଥିକ,
ଏଠୁ ଜଣେ ଯିବ
ଦୂରଦେଶକୁ
ପାଥେୟ ନେଇ
ଅଭିଶାପର,

ଓଦାକାନ୍ଥର
ଆଖିନଥିବ
ଦେଖିବା ପାଇଁ :
ଦରଗଢ଼ା ଅକ୍ଷରରେ
ବାଂଟି ହୋଇଯିବ
ଏତେ ଯୁଗର ପରିଚୟ -
ଶ୍ଳୋକରେ,
ଶିଉଳିରେ,
ଶିଳାଲେଖରେ ।

(୩)
ସେ ବସିଥିବ
ସେମିତି,
ସରଳ ହାତଦିଓଟି
ମେଲାଇ ଦେଇ
ଉଡ଼ିଯିବାର
ଭଙ୍ଗୀରେ।

ବିଶ୍ୱାସ କର,
ସେ ଉଡ଼ିବ ଦିନେ
ସତକୁ ସତ,
ମୋର ସ୍ଥବିରତାର
ଉପର ଦେଇ
ପବନ ହୋଇ,
ସବୁ ଶୁଖିଲା ପତ୍ରକୁ
ଏକାଠି କରି
ଜାଳିବା ପାଇଁ
ସୂର୍ଯ୍ୟାସ୍ତର ଶେଷ କିରଣରେ।

(୪)
ତାକୁ ଜାଣିଚ ?
ଜାଣିଚ ସେ କିଏ ?

ପାହାଡ଼ର ମଧୁର ସ୍ୱାଦ
ମିଳାଇ ଗଲାବେଳେ
ଦୂରଦିଗନ୍ତର ପାଟିରେ,
ଦେଖିନ ତାକୁ
ବିଭୋର ହୋଇ
ଲୋଟି ପଡ଼ିବାର
ସବୁଠାରୁ ବଡ଼ଘରର
ମେହେରାବି ଉପରେ ?

ମଞ୍ଜି ପୋତିବା ପାଇଁ
ମାଟି ହାଣିଲା ବେଳେ
ପଥରରେ
ବାଜିଚି ଯେତେବେଳେ
କୋଦାଳ,
ଦେଖିନ ତାକୁ
ଛଟପଟ ହୋଇ
ଉଠି ଆସିବାର
ରକ୍ତ ଜୁଡୁବୁଡୁ
ଶେଯରୁ -

ଶୁଖି ସାରିଥିବା
ଅମୃତର
କଳସ ହାତରେ ?

ଅନ୍ତରାଳ

କୋଉଠି ଲୁଚାଇବି
ତମକୁ ?

ନା ଲୁହରେ
ନା ଲୁହରେ
କୋଉଠି ନାହିଁ
ଏତେଟିକେ ବି ଜାଗା
ଲୁଚିବା ପାଇଁ !

ଏଡ଼େ ବିରାଟ ତମେ
ଯେ ଖରାର ପାପୁଲି ଉପରେ
ପାହାଡ଼ ଭଳି ଲାଗ,

ଲାଗ ଆଖିର ଖାଲି ଘରେ
ଭୁଲ୍‌ରେ

ଧସାଇ ପଶିଥିବା
ସଶସ୍ତ୍ର ଆଲୁଅ ଭଳି,

କୋଉଠି ଲୁଚେଇବି
ତମକୁ ?

କୋଡ଼ିଏ ତିରିଶ ବର୍ଷର
ଚିରାଫଟା ଇତିହାସରୁ ହଠାତ୍

ପାଗଳ ଶବ୍ଦଟାଏ
ବାହାରି ଆସି
ତମର ଗୁଣଗାଇବା
ଅସମ୍ଭବତ ନୁହଁ,

ଅସମ୍ଭବ
ତାକୁ ଲୁଚେଇଦବା
ସବୁ ସୁନ୍ଦର କଥାକୁ
  ଘୋଷି
  ଘୋଷି
  ଘୋଷି
ଅସାର କରି ସାରିଥିବା
ପୃଥିବୀର ଓଠକୋଣରେ ।

ତମକୁ ଛୁଇଁଲା ବେଳେ
କୋଉଠି ଥିଲା ତେବେ
ଭୟ ? -
ଲୁଚିବାରେ ନା
ଲୁଚେଇବାରେ ?

ନିଅ,
ଏ ହାତଟି ମୋରି ନିଅ

ଛାତି ଉପରେ ରଖ
ତାର ଅବୁଝାପଣକୁ ଗେଲକର
ଲିଭାଇଦିଅ ଦୀପ ।
ଗାର ଟାଣିଲା ଭଳି ପାଣିରେ
ଯେତିକି ସତ ସେମିତି ମିଛ
ହେଉପଛେ ଆମର ମିଳନ ଅନ୍ଧାରରେ -

କେହି କେବେ ଜାଣିବେ ନାହିଁ
ତମେ ଅଛ -

ନୂଆ ନୂଆ
ଛଳକରି ଶିଖୁଥିବା
ଅବୋଧ ପ୍ରେମର
ପିଲାଦିନରେ ।

କଥା

କହିଦେଲା ପରେ
କୁଆଡ଼େ ଯାଏ କଥା ?

ସିଧାସଳଖ ଯାଏ
ଜୂର ହୋଇ ସାରିଥିବା
ଆସ୍ଥାର ସୈକତ ଉପରକୁ
ଜହ୍ନରାତିର ଜୁଆର ଭଳି ?

ନା ଜଳି ଜଳି ଜଳି
ଭୁଲିଯିବାର ଚିତାରେ
ଅଙ୍ଗାର ହୋଇ ଦମକେ
ପବନର ଅନ୍ଧ ଆଖିରେ ?

ନା ମୁଁ ଜାଣେ
ନା ତମେ ଜାଣ ।

ଦିନ ଶେଷରେ, ମୁଠାଏ
ଗୋଡ଼ିଧୂଳି
ହାତରେ ଧରି
ଫେରିବାର କଥା ଆମର
ଫେରିବା,
ଆହୁରି ଟିକିଏ
ସୁନ୍ଦର କରି
ସଜାଇଦେବା ମରଣକୁ
ମାଟିର କଳସ ଉପରେ,

ଓଁ କହି
ଚେର ସମେତ
ଓଟାରି ଆଣିବା
ଅପରାଜିତାର
ନୀଳପାଂଶୁଳ ଲତାଟିକୁ
ହୁଏତ,

ତଥାପି ରହିବ
କଥାପଦକ
ସେଇଠି -

ଯୋଉଠିକି
ଆଖିପାଇବ ନାହିଁ
ଆମର,

ଯୋଉଠି ତମେ
ମାଟିରେ ଗଢ଼ା
ଓଠକୁ ତମର
ଗଢୁଥିବ ଆହୁରି ଥରେ
ନୂଆକରି

ରଙ୍ଗଦେବା ଆଗରୁ,
ଯୋଉଠି
ସବୁତକ
ଭଙ୍ଗାଉଜୁଡ଼ା ଶବ୍ଦକୁ
ଏକାଠି କରି
ମୁଁ ଅର୍ଥ ଲେଖୁଥିବି
ପୁନର୍ଜନ୍ମର।

କଥାପଦକ
ଯିବାକୁ ହୁଏତ
ରହୁଁଥିବ
ଆଉ ଗୋଟିଏ
ଅଧ୍ୟାୟ ଭିତରକୁ,

ହେଲେ ବନ୍ଧ ଡେଇଁ
ବାହାରିଯିବାର
ସାଧ୍ୟ ନାହିଁତ !

କହିଦେବାହିଁ ବୋଧହୁଏ
ସବୁଠାରୁ ବଡ଼ ଆଲେଖ୍ୟ ଆମର
ନୀରବତାର ମୁଖଶାଳାରେ,

ମୂକ ସନ୍ଧ୍ୟାକୁ
ହଠାତ୍ ମୁଖର କରିଦେବା
ନୀଡ଼ଫେରନ୍ତା ଚଢ଼େଇଙ୍କ
ଅର୍ଥହୀନ କୋଳାହଳରେ-

ଏ କଣ କମ୍ !

ଗର୍ଭଗୃହ

ଏତେ ଅନ୍ଧାର କାହିଁକି ଘର ଭିତରେ ?
କାହିଁକି ଏତେ ଅନ୍ଧାର ?

ସକାଳ ବି ତ ରାତି ଭଳିଆ ଏଠି
ମେରୁଖୁମ୍ବକୁ ଆଉଜି ଠିଆହେବାର
ସେଇ ଗୋଟିଏ ଧାରୁଆ ଠାଣି,

ସେଇ ଗୋଟିଏ କଳାକନାରେ
ମୁହଁ ଓ ମୟୂଖ ପୋଛିନବାର
ଭୟ ସବୁଠି,

ଦୂରରୁ କିଏ ଡାକିଲା ଭଳି
ଶୁଭିଗଲାଣି ନାଦ,
ଲାଗିଗଲାଣି ସବୁ ପଥରର
କପାଳ ଉପରେ ଟିପା ଲହୁର,

ତଥାପି,
ଏତେ ଅନ୍ଧାର କାହିଁକି ଘର ଭିତରେ ?
କାହିଁକି ଏତେ ଅନ୍ଧାର ?

BLACK EAGLE BOOKS

www.blackeaglebooks.org
info@blackeaglebooks.org

Black Eagle Books, an independent publisher, was founded as a nonprofit organization in April, 2019. It is our mission to connect and engage the Indian diaspora and the world at large with the best of works of world literature published on a collaborative platform, with special emphasis on foregrounding Contemporary Classics and New Writing.

www.ingramcontent.com/pod-product-compliance
Lightning Source LLC
Chambersburg PA
CBHW060621080526
44585CB00013B/932
* 9 7 8 1 6 4 5 6 0 6 2 9 1 *